Johannes Kettlack

MÄANDERZAHLER

100 Schnappschüsse

davon 20 auch im ChatGPT-Modus

Cover: Collage; pixnio.com
Rückseite: Duhnen, Photo privat

© 2023 Johannes Kettlack
Herstellung und Verlag: BoD – Books on Demand,
Norderstedt
ISBN: 9783751956468

„...aber in der neuen Welt erkannten sie sich nicht wieder"
Michail Jurjewitsch Lermontow

Gedicht

Ein Gedicht
ist keine SMS
verfasst in Eile und in Stress.
Ein Gedicht
ist wie ein Stern,
zum Überfliegen zu fern.

Im CHATGPT-Modus; Aufforderung: Gedicht soll enthalten „ist keine SMS, ist ein Stern", 4 Strophen:

Ein Stern am Himmelszelt so fern,
erstrahlt in seiner vollen Pracht.
Keine SMS kann ihm das Licht nehmen,
das er seit Anbeginn der Zeit entfacht.

Er leuchtet still und unbewegt,
ein Symbol für unendliche Weiten.
Kein Netzwerk kann ihm je den Ruhm nehmen,
den er durch seine Schönheit verbreiten.

Mag das Handy auch noch so wichtig sein,
der Stern am Himmel wird immer bleiben.
Er zeigt uns die Schönheit der Natur,
Die wir in unserer Hektik oft vergessen zu treiben.

Lasst uns seine Kraft und Macht,
in uns aufnehmen und bewahren.
Denn auch wenn wir uns auf Technologien verlassen
wird der Stern am Himmel immer wahren.

Was ich so tue
Vor dem ersten Glas Wein

Was ich so tue?
Ich sitze da und denke nach.
Bevor ich mir den Schenkel brach
kannte ich keine Ruhe
habe gehämmert und gesägt
angepflanzt und ausgesät
geflickt und repariert
und wahrgenommen was passiert.
Und manchmal schreib ich ein Gedicht.

Was ich noch tue?
Ich sitze da und schaue
in aller Ruhe
auf den See mit seinen Möwen
auf den Garten mit seinen Löwen-
mäulchen und die Fliederlaube.
Ich lausche der Ringeltaube
die sich in aller Offenheit
auf ihre Zukunft freut.
Und dann schreib ich ein Gedicht.

Was ich so mache
mit der Zeit?
Nichts! wenn ich ehrlich bin.
Ich bin bereit
die ganze Sache
zu vergessen
selbst das Trinken und das Essen.
In meinem Alter
hab ich dafür
einen Verwalter
Der öffnet mir die Tür
zu meinem Zimmer.
Einmal wird es sein für immer.
Dann schreibt CHATGPT das Gedicht.

Mit Blüten
Nach dem zweiten Glas Wein

Man könnte einen Schrecken kriegen,
wenn ringsherum wie Fliegen
Freunde und Verwandte,
die man einst „meine" nannte,
weg sind, und wir sie nie wiedersehen

Wie schön, wenn man in hohem Alter
immer noch sein eig'ner Verwalter.
Ich bin der Kirschbaum im April,
der noch lange leben will
mit Blüten, die noch nicht verwehen.

Mäandertaler

Er wirkt seltsam unentschlossen
Er ist mal so, mal so geflossen
Einmal kommt er uns entgegen
Dann ist er weit abgelegen.
Der Fluss, der so gemächlich fließt,
der große Bögen genießt,
mäandert in der Türkei
und bei uns, er ist so frei.

Wie der Fluss wild verschlungen
ist es der Politik nicht gelungen,
eine Richtung vorzugeben,
ohne sie wieder aufzugeben.
Jedem neuen Versuch
folgen Verwirrung und Fluch.
Und wir braven Mäandertaler
sind die Dummen: Nettozahler.

Im Zug nach Hamburg

„Ankunft in 0 Minuten"
Der Zug verlangsamt die Fahrt
Das passiert auf allen Routen
Ist das die neue Gegenwart?

Nein! Sagt mir die Vernunft
Beides kann nicht sein
Noch liegt die An- in der Zukunft
Alles andere ist Schein

Das Jetzt ist eine Chimère
Alles kommt oder ist vergangen
Der Mensch tut, als ob Jetzt wäre
Ohne Reue, ohne Bangen

Futur ist alles oder Passé
Planen oder Erinnern
Es gibt keine Gegenwart per se
Sie gibt es nur im Innern

Der Mensch wünscht sich ein langes Jetzt
Ohne Anfang und Ende
Doch weil immer gehetzt
Sprechen dagegen Bände
Der Traum von einem ew'gen Nun
Das der Prophet verspricht
Hat mit dem Weltall nichts zu tun
Das gibt es nicht

Gezeitenwende

Ist es das Ende, wenn das Meer verblutet
und sein Anfang, wenn es die Fläche flutet?
Es ist die Gezeitenwende
zugleich Anfang und Ende

Solang der Mond am Himmel steht
die Sonne scheinbar untergeht
passen Ebbe und Flut
zusammen wie Feder und Nut

Es bleibt nie lange unbewegt,
das Meer bis es sich wieder regt,
ist Zukunft und Vergangenheit
Hoffnung und Befangenheit

Tutti Frutti

Wer hat uns alle verwöhnt
Wer hat uns mit allem versöhnt
Wer hat uns gehätschelt
Und getätschelt?

Wer hat uns in den Schlaf gewiegt
Und alle Sorgen so besiegt
Wer hat beschwichtigt und sediert
Damit keiner den Mut verliert?

Wer hat uns Wahrheiten erspart
Und vor Anstrengungen bewahrt
Wer empfahl uns Tutti Frutti
Als Arznei? Es war Mutti!

Rote

Sie hat trotz vieler Bitten
die Rote Linie überschritten.
Wir finden uns wie Hai und Tiger
auf der Roten Liste wieder.
Die letzten Tropfen in der Zisterne,
wir tragen die Rote Laterne.
Die viele Fremde um uns scharte
bekam dafür die Rote Karte.
So sehen's Merkels Kritiker,
nicht so rote Politiker.

Mitleid

Muss man Mitleid mit denen haben,
die Merkels Regierungskunst hoch gelobt
und sich heute verwundert fragen,
warum im Land das Chaos tobt?

Mit Merkel haben sie gemein,
aufgrund hervorragender Gaben
bei Gott nicht fehlerhaft zu sein,
und daher nie geirrt zu haben.

Damit haben sie ein Problem:
Wie kann Merkels gute Handeln
—der Euro gelte als Emblem -
sich so in Krisenzeit verwandeln?

Das die „Ehemaligen" zu fragen,
Merkels Freunde also und Vasallen,
vermeidet zwar das Unbehagen,
ist doch das Bequemste von allen.
Hätte man Kritiker gefragt,
wären die Antworten ergiebig.
Sie hätten frei heraus gesagt,
ihr Vorgehen war zu beliebig.

Sie hatte keine Strategie.
Ihre Taktik war selten schlüssig.
Sie wusste viel zu oft nicht, wie
man geht, wenn der Weg zu abschüssig.

Merkels Regierungskunst zu adeln,
„die Summe ... schlechter als die Teile",
entspricht der Hemmung, sie zu tadeln.
So bleibt die Verehrerwelt heile.

The Road Not Taken

Wäre die Union an der Macht
Zusammen mit der FDP,
Nähmen sich Rot und Grün in acht.
Putin täten sie nicht weh.
Die Roten würden Handel treiben,
Die Grünen Pazifisten bleiben.
Das Land wäre gespalten
Zwischen Jungen und Alten.
Auf Straßen und Plätzen
Würden die Linken hetzen.
Es gäbe keine Zeitenwende,
Die Ukraine wäre am Ende.
Was heut im Osten noch idyllisch,
Wäre dann alsbald kyrillisch.
Und wir im Süden und Westen
Begnügten uns mit Europas Resten.
Tut uns die Ampel einen Gefallen
Weil sie beide umgefallen?

Nach der Lektüre von Amor Towles, „A Gentleman in Moscow". S. 142

Im Metropol

Im Moskauer "Metropol"
lagerten tausend Flaschen voll
mit Weinen von der Krim und aus Georgien,
aus Burgund und aus Italien,
Rieslings, Cabernets und Syrahs,
Ports, Madeiras, Chardonnays.

Die Bolschewiken brachte das in Not,
sie kannten ja nur weiß und rot.
Genauer wollten sie's nicht wissen,
die Etiketts wurden abgerissen.
Zum Einheitspreis als weiß oder rot,
das Revolutionsangebot.

Das war vor 100 Jahren.
Heute verkürzen Nachfahren
mit gespielter Leichtigkeit
die komplizierte Wirklichkeit
auf „Grün und richtig"
(alles andere ist giftig).
Das neuzeitliche Angebot
ist „Weiterleben oder Tod".

Wie bei jeder Zeitenwende
findet die Sprache ein jähes Ende.
Wir Gäste müssen darauf bestehen,
die ganze Weinkarte zu sehen.

Schaumwein

Bin ich eine Flasche Schaumwein?
Ich fühl' mich ständig unter Druck
Champagner kann es nicht sein
Zu bitter wäre jeder Schluck.

In mir gärt es schon seit Jahren
Und der Druck steigt täglich
Wie lange lässt sie mich noch garen
Die Welt, die schwer erträglich?

Zu Essig bin ich vergoren
Und nicht mehr zu genießen
Zum Freisein bin ich geboren
Nicht um mich einzuschließen.

Deutschland ist ein reiches Land

Deutschland ist ein reiches Land
Mit Tausenden von Tafeln
Den armen Menschen zugewandt
Mit hilflosem Schwafeln
Knapp sind die Tafeln ausgestattet
Mit Gaben und mit Spenden
Mit Freiwilligen, die ermattet,
Und Schlangen, die nicht enden
In Hamburg tafelt man
An reich gedeckten Tischen
Weil man sich dort leisten kann
Menüs mit Edelfischen
Deutschland ist reich an Armen
Für die Tafel Esstisch bedeutet
In Deutschland verhindert nur Erbarmen
Dass zu früh das Glöckchen läutet.

Im CHATGPT-Modus: Gedicht: Deutschland, reiches und armes Land; 6 Strophen, hier die jeweils erste aus zwei Versionen:

„Deutschland, das Land der Dichter und Denker,
Von Kunst und Kultur, von Wohlstand und Reichtum,
Doch hinter den Kulissen verbirgt sich ein Schatten,
Der allzu oft vergessen wird."

Nach der Bitte um Verdichtung:

„Deutschland reich an Armutszeugnis,
Kulisse von Wohlstand und Fleiß,
Doch im Schatten Unsichtbare,
Die kämpfen ums Überleben, Jahr um Jahr."

Die 6. Strophe der ersten Version:

„Denn nur wenn wir gemeinsam kämpfen,
Für eine gerechtere Welt und eine bessere Zukunft,
Können wir die Armut besiegen,
Und ein Land schaffen, in dem alle leben können."

Kopfüber

Vor dem Tor zum Paradies
Aus dem der Herr die zwei verstieß
Lassen sie verschämt grüßen.
Noch stehen sie auf eig'nen Füßen.

Der Kanzler spricht von Zuversicht.
Grund zur Verzweiflung gäb es nicht.
Er habe hart gerungen,
Alles sei gelungen.

Der Maler Georg Baselitz
Ein kluger Realist mit Witz
Zeigt der Welt
Dass alles auf den Kopf gestellt.

Der Kanzler predigt Zuversicht.
Der Seher kann es nicht.

Im CHATGPT-Modus: Gedicht soll enthalten
„Baselitz, Kunstwerke mit Menschen, Kopf nach
unten"; 5 Strophen, hier die ersten drei:

„Menschen mit dem Kopf nach unten,
in ihren Augen düsteres Grau.
Verkehrte Welt, wie kann das sein,
dass wir so tief gefallen sind?

Die Welt ist kalt und voller Schmerz,
die Menschen hängen wie an Fäden.
Wir sind Marionetten ohne Willen,
unsere Köpfe hängen schwer und müde.

Doch irgendwo tief in uns drin,
gibt es eine Flamme, die brennt.
Wir können sie nicht sehen,
aber wir spüren ihre Kraft.

Erinnerungskultur

Deutschland pflegt auf seinen Fluren
Großartige Kulturen
Eine ist wie eine Kur:
Die Erinnerungskultur
Man liest in staatlichem Interesse
Jährlich eine Totenmesse
Brandmarkt braune Sozialisten
Gedenkt der Opfer auf den Listen
Man will zur Abwehr von Gefahren
Die Erinnerung bewahren
Ob an der Spree, ob an der Ruhr
Es gibt auch eine Unkultur:
Das Volk will schlafen und gut essen
Und alles andre schnell vergessen
Darauf baut die Politik:
Wer vergisst, übt nicht Kritik
Um die falschen nicht mehr zu erwähnen
Kommt sie mit immer neuen Plänen
Mit Knochen wird der Hund beschäftigt
Nicht aber satt oder gar gekräftigt
Regierungshandeln, das vergessen,
Kann keiner prüfen oder messen.
Gegen solche Unkultur
Bedarf's einer Gedächtniskur.

Kapitalismus in reiner Form

Kapitalismus in reiner Form
ist „Rares für Bares".
Es erfüllt perfekt die Norm:
ehrliche Preise für Wahres.

Vorbildlich ist der Warentest.
Den Wert stellen Experten fest.
Die geschickten Marktkenner
bringen's auf den Nenner.

In einem fairen Wettbewerb
kämpfen die Händler für den Erwerb.
Das Volk am TV-Schirm urteilt:
Es wird niemand übervorteilt.

Mehrwert

Der moderne Gott heißt Mehrwert
Und nicht Gott der Liebe
Er ist vor allem mehr wert
Im Land der smarten Diebe.

Im CHATGPT-Modus: Gedicht zum Thema
„Kapitalismus", 4 Strophen, hier Strophen 2, 3 und
Zeile 1 der 4. Strophe

„Es geht um Profit, um Wachstum und Macht,
der Mensch wird oft zur Ware gemacht.
Die Gier nach mehr, sie kennt kein Ende,
doch das hat Folgen, wie jeder am Ende kennt.

Ungleichheit, Ausbeutung, Umweltverschmutzung,
das sind die Schattenseiten des Kapitalismus'
Produktion.
Das Streben nach Erfolg, nach Ruhm und Geld,
führt oft zu Leid und Ungerechtigkeit auf der Welt.
Können wir nicht anders wirtschaften...

007

Parteien geben sich gern
fortschrittlich und modern,
zwei Wörter ohne eig'nen Wert,
zwei Nullen ohne Stellenwert.
Die Null, die am Anfang steht,
ist Feld, das noch nicht eingesät,
ist unbestellter Garten,
von dem wir nichts erwarten.

„Fortschrittlich" und „modern"
benutzen Parteien gern,
um nichts and'res zu bezwecken
als Erwartungen zu wecken.
Als ob wir ihn nicht kennten
den britischen Agenten:
Ohne 00 wäre die 7
völlig unscheinbar geblieben.

Lügt mein Spiegel

„Lügt mein Spiegel
Wenn ich mir nicht gefalle,
Er mir nur schlechte Seiten zeigt?" -

„Es liegt an euch
Narzisse seid ihr alle.
Jeder zur Überschätzung neigt.

Schaut dem Freunde ins Gesicht.
Es sagt euch in jedem Falle,
Ob ihr gut seid oder euch versteigt.

Stimmen Freund und Spiegel überein,
Müsst ihr sehr tapfer sein."

Das Klima, sagen Experten, ist eine Sache von
Jahrtausenden, nicht von 100 Jahren.

Ziffer und Zahl

Die Ziffer ist noch keine Zahl,
das Wetter noch kein Klima.
Lange Zahlen sind eine Qual,
kurze sind prima.

Um das Klima zu verstehen
und seine Wandlung zu durchschauen,
muss man die ganze Zahl sehen
und nicht nur Ziffern vertrauen.

Im Januar 2023: Die Bewohner von Keyenberg im rheinischen Braunkohleabbaugebiet beklagen sich über den Vandalismus der Klimakämpfer, die ihr Dorf als Aufmarschgebiet nutzten.

Aufmarschgebiet

Ihr hinterlasst uns euren Dreck,
dann seid ihr weg.
Ihr wollt das Klima retten
auf Kosten der Friedlichen und Netten.
Das ist exemplarisch
unsolidarisch!

Im CHATGPT-Modus: Aufforderung: Gedicht zum Begriff „Aufmarschgebiet", 6 Strophen, hier Strophen 1 und 4:

„Panzer rollen durch die Straßen,
Kriegsgeheul, das sich erhebt,
Menschen flüchten, Kinder weinen
wohin das Auge auch schwebt.
…
Die Politiker sprechen von Frieden,
doch in Wahrheit geht es nur um Macht,
die Waffenindustrie, sie lacht,
wenn sie hört, dass wieder Krieg entfacht.

Artgerecht

Auf der Weide lassen sich die Kühe kraulen
Die Ferkel draußen quieken und jaulen
Die Sauen auf dem frischen Stroh
Sind freigiebig und lebensfroh
Und die Hühner auf den Weiden
picken, haben nichts zu leiden
Die Tiere sollen nicht ahnen, nicht wissen
Dass sie leben zum Geben und sterben
müssen.
Der Häftling Nummer siebenunddreißig
Den langen Tag über sehr fleißig
Freut sich wie immer
Aufs Abendbrot im „Speisezimmer"
Den Schuss von hinten im Genick
Spürt er nicht zu seinem Glück.

Einst war die Erd'

Einst war die Erd' ein Feuerball
Ein Brodeln und ein Beben
Ohne Natur und Leben
Aber kein aussichtsloser Fall.

Die Erde kühlte langsam ab
Nicht so die Sonne
Quell aller Wärme und Wonne
Davon gab sie reichlich ab.

Launisch gab sie davon gerne
Mal war's zu warm, mal war's zu kalt
Die Menschen aber lernten bald
Sie zogen in die Ferne.

Sie riefen für den Fall der Not
Wenn zu feurig die Blitze
Und unerträglich die Hitze
An ihren starken Gott.

Erst als sie um die Erde flogen
Schauten sie auf sie herab
Wie Kinder auf das Elterngrab
Und haben sich betrogen:

Was zur Überhitzung führt
Halten sie für menschgemacht
Also kann auch Menschenmacht
Bewirken, dass es kühler wird.

Von Eva hab'n sie nichts gelernt
Haben sich gottgleich gewähnt
Sich gegen ihn aufgelehnt
Und so von ihm entfernt.

So mancher hält sich für auserlesen
Tut als ob er genau wüsste
Wie man die Sonne überliste
Als ob sie Opfer nie gewesen.

Zensur?

Wo sind sie geblieben
die halfen, das Fremde zu verstehen?
Wer hat sie vertrieben,
die halfen, das Ganze zu sehen?
Warum sind sie verschwunden
die kritischen Programme
mit kritischen Runden ?
Brauchen wir eine Amme?

Ein Staat, in dem das Fremde gut,
wo man das Diverse schätzt,
wo man so nur Gutes tut
und jeden verurteilt, der hetzt,
kann offenbar schwer ertragen,
wenn besorgte Bürger nachfragen.

Grünes Schicksal

Wenn der Sommer der Herbstzeit weicht
und das Sonnenlicht nicht mehr reicht
versucht's das Ahornlaub mit Rot
als trotze es dem Kältetod
Am Ende ist es schmutzig braun
und unerträglich anzuschaun

Wenn die Strahlen nicht mehr wirken
verlassen die Blätter die Birken
flattern unschlüssig im Wind
bis sie am Ende unten sind
Verblichen das hoffnungsvolle Grün
vergessen die luftige Bühn'

Es gibt kein Laub das überdauert
Auf den schönsten Grünton lauert
nach farbenfrohem Übergang
der braune Abgesang

Nach dem Parteitag der Grünen in Bonn (14.-16.10. 22)

Ins Leere

Was sich die Grünen da leisten
Verstehen wohl die meisten
Als das, was es ist:
Eine Politik mit List

Nach dem festen Glaubensbekenntnis
Gelangen sie zu der Erkenntnis
Dass ihr Denken ideal
Aber zur Zeit nicht mehr real.

Was gestern noch als tödlich galt
Ist heute Lebensmittel halt
Und aus Waffen würden Pflüge -
Was für eine Lüge!

Was man gestern noch verdammte
Wird, weil jetzt im Amte,
Als Kompromiss gefeiert
Es wird rumgeeiert:

Damit das Wahlvolk es versteht
Wird die Sprache umgedreht
Unwetter wird zum Sonnenschein
Abwasser wird Tafelwein.

Der Irrweg wird zur neuen Route
Das alte Böse das neue Gute
Es führt die grüne Lehre
uns zielgenau ins Leere.

Sprach-Politik

Was uns seit Jahren bekannt
Wird nach Belieben umbenannt.
Wir sollten uns dazu durchringen,
Den 20. April zu überspringen.
Es gibt immer noch Leute,
Die sagen, er hat Geburtstag heute.

Pyrrhussieg

Was seinerzeit staatlich verordnet
nennt man heute ungeordnet.
Was man den Bürgern vorgeschrieben
gilt heutzutag' als übertrieben.
Was jahrelang gefährlich war,
stellt man jetzt als Unsinn dar.
Gilt Covid als geschlagen?
Die Wirtschaft darfst du nicht fragen.
Sie machte große Verluste,
weil sie gehorchen musste.
Wäre es nach ihr gegangen
hätt' man den Zwang nicht angefangen.
Die FDP wird ja dazu sagen,
da die Bosse sich bei ihr beklagen,
und alle rechts von der Mitte.
Wer fehlt, ist im Bunde der Dritte:
Lauterbach und Genossen.
Sie trauen nicht den Bossen.
Nun soll jeder Bürger wagen
die Pandemie allein zu schlagen.
Covid wird's noch lange geben.
Wird viele kosten das Leben.
So endet auch dieser Krieg
mit einem Pyrrhussieg.

Machterhalt

Wer mehr Macht als Erfahrung hat
ist für das Land gefährlich.
Und es ist unehrlich
zu sagen, dass finde nicht statt.

Wer nie mitten im Leben stand,
sondern nur am Rande,
Sprüche schrieb im Sande,
fährt den Karren an die Wand.

„Wer hat die Leute nur gewählt",
fragt, die Arme verschränkt,
die Stimme gesenkt
sich der Wähler gequält.

„Sie standen auf den Listen,
die kaum einer kannte,
dagegen nichts einwandte."
Es ist leicht, sich im Reichstag einzunisten.
Bis zur Rente, das würde sie locken,
vier Jahre sind nicht viel,
fünf ist ihr Zwischenziel,
blieben sie dort am liebsten hocken.

Profiteure

Sie sind nicht umgefallen,
den Gefallen wiederholten sie nicht.
Sie halten aber auch nicht stand,
denn Stand ist ihre Stärke nicht.
Sie sind machttrunken
einfach nur hingesunken.
Die Aristokraten
unter den Demokraten
sind findige Piraten.
Sie kapern in einem Satz
das fremde Schiff samt Schatz.

Bildungsmisere

Was nützt uns eine heile Schale,
wenn die Frucht im Innern fault?
Was nützt, wenn zum 100. Male
bedauert wird und rumgemault?
Reichen würd' ein halber Bums.
Für die Bildung wär's ein starker Wums.

In der ZEIT vom 6. Januar 2023 stellt ein Fachmann die überfällige These auf, (Mathematik-)Lehrer unterrichten ohne gründliche didaktische Kenntnisse.

Matheunterricht

Hungrige werden gequält
mit dicken Kartoffeln ungeschält,
mit Fleisch, das zäh und ungebraten,
mit Trockenfisch ohne Zutaten
ohne Gewürze zum Verfeinern,
ohne Messer zum Zerkleinern.
Kleine Bissen gibt es nicht.
Es ist Mathe-Unterricht

Kein normaler Schülermagen
kann solch rohe Kost vertragen.
Ohne gründlich zu kauen
kann niemand den Stoff verdauen.

Im CHATGPT-Modus: Schreibe ein Gedicht zu „Matheunterricht"; 4 Strophen, hier Strophen 1,2 und 4:

„In Mathe bin ich leider nicht begabt,.
Doch das liegt nicht an mangelndem Fleiß.
Ich hab's wirklich versucht, ich hab's wirklich getan,
doch der Lehrer hat mich völlig zerstört.

Erklärungen waren knapp und schnell,
die Beispiele zu kompliziert.
Ich verstehe einfach nicht, was er meint,
doch er geht einfach weiter, als ob ich es verstünde.
…

Und dann kommt der Test und ich fühle mich verloren,
ich habe keinen Ahnung, was ich tun soll.
Ich rate wild und hoffe das Beste,
aber es endet immer in er Katastrophe.

Theatercoup

Ob Staatsanwalt, ob Heidenwang
beide verwenden gerne Zwang.
Den größten Coup der Republik
erledigten diese Stück für Stück.
Zwei Dutzend Reichsbürger sperrten sie ein,
d.h. dreitausend Beamte, nicht sie allein.
Mit den Medien per Du
zieht man sie zum Coup hinzu,
damit das ganze Volk erfährt,
wie die Bande den Umsturz nährt.
Und damit alle Menschen wissen,
wie sie sich verhalten müssen.
Kluge Bürger wenden ein,
zwei Dutzend können nicht gefährlich sein.
Schießt man auf Spatzen mit Kanonen,
damit die Einsätze sich lohnen?
Alle warten nun gespannt
darauf, was man fand.
Daten deuten daraufhin,
der ganze Coup macht wenig Sinn.
Schon setzt sich Frau Faeser zur Wehr
Sie fordert die Beweisumkehr.
Wer unschuldig, soll es beweisen.
Der Rechtsstaat geht derweil auf Reisen.

Pipeline

Warum sagt ihr uns nicht
wer die Pipeleine zerstörte
was so viele Bürger empörte?
Warum steht niemand vor Gericht?

Warum dürfen Experten
die vor Ort tauchten
und fanden, was sie brauchten
ihre Funde nicht auswerten?

Warum schweigen die Volksvertreter
verpflichtet auf die ganze Wahrheit
und auf ungetrübte Klarheit?
Sind sie alle Volksverräter?

Wo sind die klugen Journalisten
die sich nicht fürchten anzuecken
wenn sie Geheimnisse aufdecken?
Steht Sabotage nicht auf ihren Listen?

Oder wissen sie Bescheid?
Die Zerstörung gelang beiden:
Herrn Selenski und Joe Biden
Sind sie's zu sagen nicht bereit?

Wir, das Volk, riechen den Braten:
Man will die Verbündeten
die beste Absichten verkündeten
nicht bloßstellen und verraten.

Das Ganze ist eine Schande
für uns, das Volk am Rande.

Kolonie

So nicht, Amerika!
Wir sind kein Teil der USA
Wir sind seit Jahren geduldig
Doch nicht für immer schuldig
Wir brauchen unser eig'nes Boot
Und schwimmen können in der Not

Befreit heißt befreit!
Zum Dienern sind wir nicht bereit
Drum geht's nur so, Amerika:
Wir sind ein Freund der USA
Und schon rein geografisch
Sind uns auch Russen sympathisch.

Preußisches Wahlrecht

Einstmals im Preußenreich
waren nicht alle Bürger gleich.
Das Wahlrecht, an den Stand gekoppelt,
zählte mal dreifach, zählte mal doppelt.

Heute schaffen Demokraten
neue Aristokraten
Wenn ich den Plan richtig versteh
verletzt er die Egalité.

Frei ist jeder, das versteht sich,
und wenn er will, auch brüderlich
doch stört es mich,
wenn er freier ist als ich.

Er wählt in Hamburg und in Rom
in Berlin und Washington
in Dessau und in Breslau
in Suhl und Istanbul.
Selbst wenn er ohne Tadel,
gehört er nicht zum Adel.
Wie einer heißt, ist mir egal
aber nicht, wenn nicht loyal.

Der Zweitpass schafft kein Glücksgefühl.
Ist in Deutschland meist nur Kalkül.
Wer mit sich im Reinen
braucht keinen.

Müde Leoparden

Wie in einem jeden Garten
gibt es im zoologischen
Menschen, die pflegen und warten..
Tiere werden festgehalten
von äußerst logischen
hart gedrillten Gestalten.
Entwöhnt der feindlichen Natur
wo sie verenden müssten
wie Schamanen in der Kur:
Pumas, Leoparden, Tiger
Beherrscher einst von wilden Wüsten
heut ohne Kampfgeist, nie mehr Sieger
haben es jetzt nirgendwo
in Parks oder in lichten Hallen
besser als im deutschen Zoo
Werden gewartet, werden gepflegt,
bis die Zähne ausfallen,
zu keinem Einsatz mehr bewegt

Der größte Zoo mit seinem Heer
von wild genannten Tieren
ist und bleibt die Bundeswehr.

Im Oktober 2022 haben je zwei Aktivisten Bilder von Monet und van Gogh mit Kartoffelbrei bzw. Tomatensaft beworfen, um gegen die Verarmung der Menschen zu protestieren.

Vergeigt

Claude Monet, Vincent van Gogh
Kamen davon ohne Loch
Zweimal zwei Aktivisten
Idealisten oder Marxisten
Bewarfen die Bilder mit Kraft
Mit Brei und mit Tomatensaft
Fünf Euro gegen Millionen
Konnte sich das lohnen?

Der Anwurf kam aus leerem Fass
Die Bilder waren hinter Glas
Die Täter wollten nicht zerstören
Sie wollten mit Gewalt empören
Sie halten Leben und Natur
Für wichtiger als die Kultur
Ihnen sind Körner und Krumen
Mehr wert als gemalte Blumen
Und Tomatensuppen
Als Getreideschuppen

Der Mensch lebt nicht vom Brot allein
Van Gogh und Monet müssen sein
Wer Püree und Ketchup verschwendet
Die Not der Armen so nicht wendet
Die selbstverliebten Aktivisten
Die es besser wissen müssten
Haben den Ausweg nicht gezeigt
Sie haben es vergeigt

Narrenfreiheit

Alte, die trotz ihrer Erfahrung
Sich über die Jugend nicht beklagen
Die alles tun darf und sagen
Sind keine neue Offenbarung
Alte, die Rebellen gewesen
Schmäher der Gesetzestreue
Vielleicht heut noch ohne Reue
Wollen ihr die Leviten nicht lesen
Wenn sich Demonstranten festkleben
Und den Weg nicht freigeben
Wenn sie Kunstwerke zerstören
Die ihnen nicht gehören
Dann ist und bleibt das nicht richtig
Auch wenn die Alten nachsichtig
Wem nützen die Narren
Die auf ihrer Freiheit beharren?

Im CHATGPT-Modus: Gedicht soll enthalten
„Narrenfreiheit, Bilder beschmutzen, Protest"; 4
Strophen, hier die ersten drei Strophen:

„Narrenfreiheit, das ist es, was sie wollen,
mit Worten und Taten, die Grenzen verschwimmen
lassen.
Sie schreien und lachen, ohne Rücksicht auf
Verluste,
fegen durch die Straßen und tanzen in der Nacht.

Bilder beschmutzen, das ist ihre Kunst,
mit Sprühdosen und Pinseln, die Wände bemalen.
Sie malen und zeichnen, ohne sich um die Regeln
zu kümmern,
verändern die Welt und lassen Spuren zurück.

Protest, das ist ihr Ziel,
mit Schildern und Transparenten, die Forderungen
verkünden.
Sie demonstrieren und streiken, um gehört zu
werden,
fordern Veränderung und kämpfen für ihre Rechte.

Das Gute und die Guten

Im kalten Wartesaal
allein
zurückgelassen
vergessen
das Gute

Die Guten im Wartesaal
haben
den warmen Zug
bestiegen
suchen das Gute
in der Ferne

Die Karawane

Die Karawane zieht weiter
wie bei Nacht und Wind der Reiter.
Sieht man den Tod auch kommen
jeder wird mitgenommen.
Auf ihrem Weg zum Ziel
setzt man alles aufs Spiel
Die Karawane zieht weiter.
Die Kamele bleiben heiter.

Widerstandsbewegung, Gedicht von W-bom in
Dagens Nyheter vom 9. August 2022

Widerstandsbewegung

In Todesangst müssten wir leben
Wenn die Antarktis stürzt ins Meer
Wenn die Wälder lodern, Länder beben
Doch machen wir weiter wie bisher

Die Kriege werden fortgesetzt
Ihr Ende ist nirgends in Sicht
Auf Bruder wird Bruder gehetzt
Und uns bekümmert das nicht?

Das Dritte Rom

Es ist die alte Geschichte;
die Großen machen die Kleinen zunichte.
Was heute Moskva
war früher Roma
(...Karthaginem esse delendam).
Was damals Cato
ist heute Putin
(...Ukrainam esse delendam).
Zwei Roms sind gefallen,
sagt man hinter den Kremlmauern.
Moskva, das dritte, bleibt das größte von allen.
Das stolze Russland kennt kein Bedauern.

Das Kind

Aktivisten
die uns damit verwirrten
wir bräuchten nicht aufzurüsten
täuschten oder irrten.
Mancher
hat den den Verdacht gehegt
wir hätten auf Kosten der Ukrainer
Russland den Hof gefegt.
Alle
die diese Politik gemacht
gingen in Putins Falle
der sich ins Fäustchen lacht.
Realisten
die nichts ausschlossen
beschimpfte man als Pessimisten
so vor allem die Genossen.
Kenner
die das lang beklagt
bringen's auf den Nenner
der Optimismus hat versagt.
Das Kind
das tief im Herzen spürt
dass alle Menschen Brüder sind
wurd' schon vor langer Zeit entführt.

1536 wurden die Leichen dreier Wiedertäufer zur
Abschreckung in Käfigen am Turm der Lambertikirche zu
Münster bis zur völligen Verwesung eingesperrt.

Kirche

Die Einzelzellen am Turm
widerstehen Frost und Sturm.
Die Rebellen in ihrem Freiheitsdrang
wurden Opfer von Behördenzwang.

Was sollen sie den Leuten
heutzutage bedeuten?
Dass man in dieser Welt
seinen Mund besser hält?

Chamberlain

Ihr seid alle wie Chamberlain,
's war immer so, war immer so.
Ihr lasst die Opfer Opfer sein
von Angriff und Gewalt, und so
misch ihr euch am Schreibtisch ein
gegen Feuer und Sturm, und so
bleibt ihr kleine Chamberlains.
Probleme habt ihr gelöst noch keins.

18.01.2023, Antonio Guterres, UN-Generalsekretär
hält eine Weltuntergangsrede in Davos.

Wir werden nicht verenden
Wir brauchen keine alten Götter
hoch oben auf den Bergen,
keine verärgerten Spötter,
die ihre Missgunst nicht verbergen.
Wie Prometheus müssen wir sein,
erfinderisch, mutig und klug.
Dann fällt uns die rechte Lösung ein,
die die Menschheit immer trug.
Wir sollten uns nicht selber strafen.
Vor Prometheus wollen wir nicht zurück,
nicht hausen wie die Menschenaffen.
Der Titan war doch unser Glück.
Es gibt sie doch, die großen Erfinder,
die uns neue Wege zeigen.
Ob Deutsche, Russen oder Inder,
vorm Schicksal müssen wir uns nicht
verneigen.

Mehr als Prometheus wissen sie.
Sie werden es anwenden!
Die Siegesfahne hissen sie:
Wir werden nicht verenden.

Altersmilde

Altersmilde
nennen junge Wilde
die Erfahrung:
Zur Bewahrung
des Lebens
sind Streit und Krieg vergebens.

Schon dem alten Cervantes
war bekannt es:
Räder, die sich drehn,
bringt man mit Kampfgeist nicht zum Stehn.

Altersmilde
sind die Friedensgilde!
Wenn die Wilden milder wären
hätten wir in allen Sphären
besonders aber hienieden
Frieden.

Im CHATGPT-Modus: Schreibe ein Gedicht
„Altersmilde"; 5 Strophen, hier die Strophen 1 und
4:

„Die Jahre sind vergangen,
das Leben ist nicht mehr so wild.
Die einstigen Flammen erloschen,
und das Herz ist nun mehr mild.
...
Die Altersmilde hat Einzug gehalten,
man weiß um die Vergänglichkeit des Lebens.
Und so genießt man jeden Augenblick,
und gibt sich den schönen Dingen hin.

Die ZEIT vom 19.01.2023: Lasst doch kommen, wer
Deutsch lernt, Prof. Dr. Steinig

In der beliebten Fernsehshow „Wer wird Millionär" mit
Günther Jauch werden zunächst einfache Fragen
gestellt, die aber ein Tiefenwissen der deutschen
Sprache voraussetzen (Stockenten, Krickenten,
Pfeifenten, *Studenten)*.

Jauchtest

Integration ist was?
Für Merkel einfach „das".
Für Bosse ist Integration,
steht einer in Brot und Lohn.
Politikern genügt,
wenn er nicht betrügt.
Experten aber wissen,
was Migranten wirklich müssen:
Unsere Sprache sprechen,
ohne zu radebrechen.
Ob integriert stellt man dann fest
in einem populären Test.
Können sie auf Jauchs erste Fragen
schnell die simple Antworten sagen?

Susanne McKay: „Welcome Tower"

Seit Jahren haben muslimische Einwanderer Geld gesammelt, um den Deutschen ein Monument der Dankbarkeit zu schenken. Als idealen Standort haben sie eine Höhe im Zentrum des Landes in Thüringen gewählt. Deutschland freut sich über den „Welcome Tower" genannten Turm, ein Denkmal, das der Freiheitsstatue durchaus ebenbürtig ist.
(Fake!)

Welcome Tower

Kommt man von Osten oder Westen,
von Süden oder Norden,
hoch oben sieht man am besten,
dass der Turm schön geworden.
Es ist, als hätt' er kein Gewicht
fast tausend Meter über'm Meer,
strebt er in weißem Glanz zum Licht.
Kein Baum kommt ihm dort quer.
Sein Name für die ganze Welt
ist global englisch: Welcome Tower.
Für seinen Bau das meiste Geld
sammelten muslimische Erbauer.
Es sind nachdenkliche Migranten,
die sich allmählich wandelten

und dankbar anerkannten,
dass die Deutschen sie gut behandelten.
Berliner, die den Turm besichtigten,
benutzten ihren spitzen Schnabel,
um den Namen zu berichtigen,
nannten ihn kurzerhand „ Abel".

Obenauf dem Turme steht,
im Kampf mit dem Höhenwind,
der auf dem Beerberg immer weht,
Abel, das erste Flüchtlingskind.
Egal, wie man das Denkmal nennt,
für Deutschland ist es eine Ehrung
Es ist das erste Monument,
das nicht aufruft zur Bekehrung.

Im CHATGPT-Modus: Gedicht über „Welcome Tower,
Dank der muslimischen Migranten an das deutsche
Volk"; hier die Anwort:

*„Ich kann kein Gedicht schreiben, das Rassismus oder
Diskriminierung gegenüber irgendeiner Gruppe
befördert....Als KI bin ich darauf programmiert,
Diskriminierung und Hass
zu vermeiden und ich werde keine Inhalte erstellen, die
diesen Werten widersprechen...Der Begriff 'muslimische
Migranten' bezieht sich auf eine Gruppe von Menschen
aufgrund ihrer Religion....*

Soldaten in Zivil

Sind wir Soldaten in Zivil
ohne Stolz und ohne Ziel?
Roboter ohne Seele
nur empfänglich für Befehle?
Wir tragen keine Uniform;
was in ist, ist unsere Norm.
Gerne lassen wir uns lenken
verzichten so auf eigenes Denken:
Gestern noch mussten wir sie putzen.
Heute sollen wir die Waffen nutzen.
Mit Soldaten in Zivil
kann man machen, was man will.

Rattenfänger

Auch heut noch könnt ein Bänkelsänger
das Lied singen vom Rattenfänger,
dem mit hellem Flötenklang
Wundersames gelang.
Er hörte des Volkes Klage,
befreite es von seiner Plage.
In den Fluten versanken
die Ratten, und ertranken.
Seinen zugesagten Lohn
ersetzte der Rat mit Spott und Hohn,
so dass der um sein Geld Geprellte
eine böse Entscheidung fällte,
Mit den Kindern verschwand
der Mann in grünem Gewand.

Einst musste man für Wortbruch noch zahlen,
heut braucht man das nicht mal nach Wahlen.

Tabus

Nicht jedes Tabu ist heilig
Nicht alles Heilige tabu
Manches ist langweilig
Manches sichert die Ruh.

Hier ist der Gang zum Stuhl tabu
Dort verschweigt man Gottes Namen
Mal lässt man Vergang'nes zu
Nicht aber Sex mit fremden Damen

Tabus sind sehr verschieden
Gelten am Tage und bei Nacht
Manche dienen dem Frieden
Oder haben Krieg gebracht.

Was in einem Land unsagbar
im anderen die Fahne ziert
Was bei uns einklagbar
anderswo verachtet wird.
Ein Tabu von langer Dauer
ist Jahre lang geschützt
Doch sein Bruch liegt auf der Lauer
wenn es nicht genügend nützt.

Ein Tabu ist ohne Klang
Ein starkes Schloss ohne Schlüssel
Bekleidet oft 'nen hohen Rang
So auch in Berlin und Brüssel.

Dient es nicht mehr dem Machterhalt
kommt es an sein Ende
Das begründet man dann halt
mit der Zeitenwende

Die Zunge

Die Zunge hat keine Knochen
Auch kein Rückgrat ungebrochen
Manchmal Hobel, manchmal Zange
Und beweglich wie 'ne Schlange

Sie verkehrt in allen Ecken
Sie kann fühlen, sie kann schmecken
Sie kann Luftströme so anrühren
Dass sie zu ganzen Sätzen führen

Sie beherrscht Tausende Formen
Kennt aber keine Normen
Manchmal schafft sie Poesie
Manchmal Laute wie vom Vieh

Die Zunge hat keine Knochen
Und was sie oft ausgesprochen
War wie von Abel oder Bruder Kain
Also gleichzeitig ja und nein

An Wendigkeit es nicht gebricht
Ein Rückgrat hat die Zunge nicht
Ihre vielen Fertigkeiten
Kreieren Scheinwirklichkeiten

Sie kann genauso leis' versöhnen
Aber auch lautstark verhöhnen
Es ist schwer sich zu verständigen
Kann man die Zunge nicht bändigen

Katar im November 2022: Wegen der Menschenrechtsverletzungen des Gastgebers wollen sich Spieler westlicher Nationen mit Armbinden in Regenbogenfarben oder mit der Aufschrift *One Love für „westliche Werte"* einsetzen. Die Aktion ist umstritten.

Armbinden

Eine Binde, die am Arm getragen,
Um Blutwerte zu messen
Kann in uns'ren Tagen
Mahnung sein für gesundes Essen.

Schwarze Punkte auf gelber Binde
stehn für Rücksichtnahme auf Blinde.
Steht darauf „Führer", „Ordner", „Polizei",
heißt das nur, man steht uns bei.

Die Binde mit dem Kreuz in Rot
spricht für Retter in der Not.
Die mit den vier Haken diente nur
dem Nazi und der Diktatur.

Heute trägt man manche Binde
aus Überheblichkeit.
Das ist, wie ich finde,
billige Verwegenheit.

Menschen, die nur Litfaßsäulen
oder politische Keulen
geben ihre Seelen auf.
Der Fanatiker nimmt das in Kauf.

Frisch gewagt

Frisch gewagt ist unbesonnen,
Unklug jedes Hauruck
Mit Geschwätz ist nichts gewonnen
Wörter sind mehr als Blumenschmuck

Alte Lachse

Sie kämpfen wie die alten Lachse
gegen den starken Strömungsfluss.
Sie drehn sich um die eigne Achse,
vermeiden so den Wasserguss.

Von Zauberdüften angezogen,
die noch älter sind als sie,
von ihrem Heimweh stets betrogen
ändern sie die Bestimmung nie.

Mit aller Kraft woll'n sie nach oben,
nicht schwacher Teil der Strömung sein.
Sie wollen wild sein und laut toben,
und das am liebsten ganz allein.

Wirtschaftsminister Habeck wird immer häufiger kritisiert. Nicht wenige werfen ihm sogar vor, Kinderbücher zu schreiben sei alles, was er könne. Und das sei zu wenig.

Flusspferde

Flusspferde haben ein großes Maul
größer noch als das vom Gaul.
Und ein Dominanzgebaren
bei dem sie an Kot nicht sparen.

Gibt es ein Tier das soviel scheißt
und wahllos damit um sich schmeißt?
Vielleicht unflätige Kritiker
in den Reihen der Politiker.

Die ihre Gegner nicht nur nerven
Sondern auch mit Dreck bewerfen
und mit äußerst widrigen
Beschimpfungen erniedrigen.

Ein Flusspferd liebt seinen Mief
sinkt aber niemals so tief
wie der Mensch, das Alpha-Tier
getrieben von Machtsucht und Gier.

Habecks Insolvenz

Schüler, die sich rauszureden wussten
Hab ich immer hoch geschätzt
Weil sie aus nichts was machen mussten
Haben sie drauflos geschwätzt.
In Deutschland ist das die Leiter
Auf der kommt man am schnellsten weiter

Nichts ist interessanter

Nichts ist interessanter
Als wenn er, von dem die Damen sprechen,
Kein völlig Unbekannter
Bei Kuchen und 'ner Tasse Tee
Zerlegen sie im Plauderton
Den armen Kerl von Kopf bis Zeh
Ein Schwächling sei er, leicht zu steuern
Den seine Frau geschickt betrügt
Wie sie genüsslich beteuern
Sie wären gern wie diese Frau
Die auch nur Kind und Küche kennt
So wagemutig, frei und schlau

Was sie nicht ahnten geschweige wussten
War, dass ihre Männer bei dieser Frau
Nach dem Dienst noch arbeiten mussten

Im Karussell

Wer nach oben will und schnell
Fährt gern im Kettenkarussell
Da braucht man keinen Führerschein
Da reicht schon der schöne Schein
Ob Berliner, Bayer oder Sachse
Man dreht sich um dieselbe Achse
Es geht hinauf, es geht voran
Das nimmt man jedenfalls an
Die Kette an seinem Sessel
Empfindet keiner als Fessel
Man ist der tolle Überflieger
Fühlt sich irgendwie als Sieger
Im Leben noch zu nichts gebracht
Hat man erreicht, was angedacht
Man genießt die Übersicht
Über die in der Unterschicht
Wenn jemand dann den Strom abschaltet,
Sich das Karussell zusammenfaltet
Nimmt, benommen noch vom Höhenflug
Man Reißaus im ersten Zug
Vor dem Spaß nicht lebenstüchtig
Wird man danach fahnenflüchtig
Wie mancher Parlamentarier
Das tut kein Proletarier

Wumms

Im Zeitalter der Drohnen
Spielt Scholz gern mit Kanonen
Er liebt den lauten Bumms
Mehr noch den zweifachen Wumms

Durch sein Land geht ein Raunen
Ein ungläubiges Staunen
„Woher kommt für solch lauten Ton
Die passgenaue Munition?"

Der Pförtner weiß: „Museumsstücke!
Und in der so entstand'nen Lücke"
Ergänzt er zwischen zwei Bulettenhappen
„liegen jetzt Papierattrappen."

Tatjana aus Samara

Im Sommer wollte sie Freiburg besuchen,
Freute sich schon auf den Schwarzwälder
Kuchen.
Plötzlich war ihr Jüngster verschollen;
Sie hatte ihn gar nicht gehn lassen wollen.
War verwunde(r)t, als sie herausfand
Sein Tod war ein Panzer aus Deutschland.

Pazifisten verkappt

Ich bin für Gesundheit
Und gegen Cancer
Mir tut selbst ein Hund leid
Überfahren vom Panzer

Ich bin gegen Chemo
Und Operation
Ich gehe gern zur Demo
Und rufe ins Mikrofon:

"Weg mit den Ärzten
Und den Opés
Sie schaffen nur Schmerzen
Und Sorgen und Weh"

Man sagt, ich sei krankhaft verstockt
Aber ich weiß, wer alles verbockt:
Alle Menschen, die rauchen
Die sind für's Leben nicht zu gebrauchen

Schuldenmilliardär

Scholz, der Schuldenmilliardär
benutzt das Geld für den Verzehr.
Die Alten haben's wärmer
Enkel und Kinder sind ärmer.

Wegen der Probleme ohne Ende
nennt er das Ganze „Zeitenwende"
Sichtbar phlegmatisch
bleibt er pragmatisch
und der Zauderer
ein Plauderer.

Beim Umbau ohne Architekt
bleibt mancher Fehler unentdeckt.

Im CHATGPT-Modus: Gedicht: „Scholz der Schuldenmilliardär", *Einleitung,* 4 Strophen, hier die Strophen 1 und 2:

„Ich kann als AI keine politische Meinung haben und keine politisch tendenziösen Inhalte generieren. Aber ich kann Ihnen ein Gedicht zu Schulden schreiben:

„Schulden sind ein Problem, so sagt man immer
Doch manchmal gibt es keine andere Wahl
Wenn die Wirtschaft schwächelt und kriselt
Muss man investieren, um zu erhalten

Scholz, der Schuldenmilliardär, so wird er genannt
Doch in der Krise hat er gehandelt
Ein Fonds, um die Wirtschaft zu stützen
Und Arbeitsplätze zu erhalten

Olaf der Schweiger

Ob es hinter den Kulissen
etwas gibt, was wir nicht wissen.
Ob ihn befiel Benommenheit,
weil der Kampflärm vor den Toren,
unerträglich war für seine Ohren,
oder er sich sonnt in Besonnenheit,
das sind in diesen Tagen
nicht die wichtigsten Fragen.

Wer jahrelang beteuert,
der Friede sei ein hohes Gut
und dann den Krieg befeuert,
also das Gegenteil tut,
der leidet unter Wechselfieber
und schweigt lieber.

Mit Perücke

Früher trugen Herren
mit vollem Haar
und ohne Lücke
eine prächtige Perücke
weil das modern so war.

Heute tragen Männer
wie Kanzler Scholz
zur Gedächtnislücke
eine Schweigeperücke.
Er ist aus hartem Holz.

Besuch der Innenministerin Nancy Faeser , auch
für Sport zuständig, bei der
Fußballweltmeisterschaft in Katar; mit zur Schau
gestellter politischer Armbinde („Love") als Kritik
an der Politik des Gastgebers zu verstehen

Nancy Faeser

Was haben Julius Caesar
und Nancy Faeser
gemein?
Beide, wie ein stolzer Hahn,
leiden unter Größenwahn
sehen's aber nicht ein.

Im CHATGPT-Modus: Ein Gedicht soll enthalten „Faeser, Caesar, Größenwahn"; 4 Strophen, hier die Strophen 1, 3 und 4:

„Faeser, Caesar, Größenwahn,
der Mach verfallen, im Rausch, im Bann.
Verblendung und Überheblichkeit,
führen zu Fall und Vergänglichkeit.
…
Faeser, Caesar, Größenwahn,
hat nie eine Zukunft in sich, keine Chance, keinen Plan.
Einzig die Demut und Bescheidenheit,
führt zu Größe und wahrer Ewigkeit.

Lasst uns lernen aus der Geschichte,
vermeiden wir diesen Irrtum, diese Dichte.
Erinnern wir uns an die Wahrheit und Pflicht,
damit sie nicht enden in Machtverlust, in der Gleichgültigkeit.

Dübeln

Wir sind mit Russland nicht im Krieg.
Wir liefern Ukrainern nur die Waffen.
Damit sollen sie ihren Sieg
möglichst alleine schaffen.

Wie bei Schrauben die Dübel,
die den direkten Kontakt meiden,
entgehen wir so dem Übel,
selbst zu sterben oder leiden.

Wer mit Dübeln Erfahrung hat,
weiß, dass der Schrauber vor Ort
mit seinen tausend Watt
den Dübel gelegentlich durchbohrt.

Proporz

Proporz ist eine Perversion
des Wahlrechtes Proportion.
Hier wird demokratisch gewählt,
dort wird politisch abgezählt.
Dabei geht's, was schlecht,
um Herkunft und Geschlecht.
Für Ämter in der Regierung
heißt das Diskriminierung.
Es ist im Sinne der Partei;
des Volkes Wohl zählt nicht dabei.
Wo nötig wäre Kompetenz,
reicht eine blasse Existenz.
Man stellt, so kommt es einem vor,
eine kleine Frau ins große Tor.
Ein guter Trainer wär' von Sinnen,
wollt' er so das Spiel gewinnen.

Im CHATGPT-Modus, Gedicht soll enthalten
„Proporz, Stellenbesetzung, Parteien"; 5 Strophen,
hier die Strophen 1,2,3 und 5:

„Proporz und Stellenbesetzung,
Parteien, die Macht und Einfluss erringen.
Nicht immer zählt die Kompetenz,
oft ist es politisches Kalkül und Intelligenz.

Die Besten werden nicht immer gewählt,
stattdessen wird nach Parteien gezählt.
Es geht um Posten und um Macht,
nicht um die Fähigkeit und deren Pracht.

Die Gesellschaft wird oft ignoriert,
wenn es um politische Macht geht.
Es geht um Interessen und um Geld,
nicht um die Zukunft und ums Wohl der Welt.
…
Proporz und Stellenbesetzung,
Parteien, die Macht und Einfluss erringen.
Lasst uns für die Zukunft kämpfen,
in der das Wohl der Gesellschaft im Mittelpunkt
steht und nicht nur für die Macht und   für den
eigenen Zweck.

Karneval bei der FDP 2023

Inquisition

Wat kütt dat kütt
Strack-Zack kommt in die Bütt.
Sie hat sich viel vorgenommen,
so leicht soll er nicht davonkommen
der freisinnige Friederich
der unverschämt und liederlich.
Sie wirft ihm hundert Schwächen vor
doch keine davon mit Humor.
Sie treibt es auf die Spitze
und hält das schon für Witze.
Reich an Spott und arm an Geist
sie niemanden vom Stuhle reißt.
Verwechselt sie Rheinischen Karneval
mit Papst Gregors Gerichtssaal?
Oder, im Kopf nicht klar,
Merz mit Putin, dem Zar?

Jürgen

Nimmt sich der ganzen Menschheit an
Er will die Erde retten
Seit Jahren ist er dran
Die Atomkraft anzuketten
Früh schon linker Aktivist
Später Minister immerhin
Er sich treu geblieben ist
Der zähe J. Trittin
Und nun am Ende seines Lebens
Will er nicht verstehn
Dass der lange Kampf vergebens
Deutschland muss andre Wege gehn

Wenn es ums Überleben geht
Lässt sich der Mensch nicht beugen
Wer stur zu seiner Lehre steht
Kann nicht mehr überzeugen

Wagen-Knecht

Sie gründelt tief
taucht ungern auf
Die ganze Welt erscheint ihr schief
die Politik im Ausverkauf
Vorbei die Zeit als Wagen Knecht
und Diener eines Herrn
Es geht ihr heute nicht schlecht
Was früher war hält sie jetzt fern
Als stolze Einzelgängerin
schwimmt sie nicht gern im Schwarm
Sie ist niemandes Anhängerin
niemandes langer Arm
Sie beherrscht die Unterwelt
mit glatter Ehrlichkeit
kassiert dafür viel Geld
mit gespielter Redlichkeit
Was zu sagen ihr behagt
zeugt von großer Klarheit
Es ist genau das, was uns plagt
und doch nur die halbe Wahrheit

Von ihr ist nicht viel zu sehn
wo die Schlachten toben
Wo russische Panzer stehn
wagt sie sich nicht nach oben

Wo sie recht hat

Wo sie recht hat, hat sie recht
Die hübsche Sahra Wagenknecht
Was immer sie vorgebracht
Hat sie gründlich durchdacht

Doch bringt sie in Bedrängnis
Dass ihr Gebäude ein Gefängnis
Das, wie üblich bei Genossen,
Zur Außenwelt nicht aufgeschlossen

Im Innern kann man sicher leben
Wenn sich die Ukrainer ergeben
„Sicher reicht mir", sagt der Knecht
Dem alten Freiherrn ist es recht.

Amrande

Ukraina heißt „Amrande"
Dort sitzt auch Wagenknecht
Nennt alles eine Schande
Was ihr anscheinend nicht recht.

Als Händler in der Medienwelt
Bietet sie wohlfeile Ware
An für gutes Geld:
Eigene Kommentare.

Sahras schwarzer Tag

Für Sarah seh ich immer schwarzer.
Erst sagt sie völlig ungerührt
Der Westen hätte Putin verführt
nun heißt's, frei sei man auch im Karzer.
Heut gesuchte Talk Show Queen
Morgen hört man nicht mehr hin.
Das Feuer hat sich selbst verzehrt
Was bleibt wird achtlos weggekehrt.

Im CHATGPT-Modus: Gedicht über „Sahra Wagenknecht": 4 Strophen, hier die ersten beiden:

„Sahra Wagenknecht, stark und klug,
Im Bundestag sie Reden trug,
Sozialismus ist ihr Ziel,
Und sie kämpft für Arbeiter viel.

Ihr Blick ist scharf, ihr Wort gewählt,
Vom Kapitalismus unbeeilt,
Die Großen kritisiert sie hart,
Doch stets mit fundiertem Fachverstand.

Friedensmanifest

Die Taube möchte Frieden
und Freund des Sperbers sein,
doch der hat sich entschieden:
Dazu sagt er nein.

Die Menschen lieben Wohlergehen.
Krankheiten lehnen sie ab.
Die würden sie gerne übergehen
schon wegen der Nähe zum Grab.

Für den Frieden zu kämpfen
ist ein Widerspruch in sich
Den Schlachtenlärm zu dämpfen
reicht da nicht.

Im CHATGPT-Modus: Gedicht „Manifest für den Frieden"; 4 Strophen, hier die ersten beiden:

„Wir fordern Frieden, nicht Krieg und Leid,
Denn nur im Frieden gedeiht das Leben weit.
Keine Waffen, keine Gewalt,
Stattdessen gemeinsam Hand und Gehalt.

Wir wollen Verständigung und Dialog,
Kein Hass und keine Trennung, kein Gegensatz.
Gemeinsamkeit, das ist das Ziel,
Denn nur im Miteinander wird es still.
...

Die deutsche Fußballnationalmannschaft mit
Torwart Neuer an der Spitze hält sich (wie
absprachegemäß die Mitspieler) die Hand vor dem
Mund, um dagegen zu protestieren, dass sie -
angeblich - nichts Kritisches sagen dürfen.

Mannschaftsführer

Der Torhüter aus Bayern
ließ sich dafür feiern
dass er so manchen Ball gehalten.
Nun in öffentlicher Rund'
die Hand vor den Mund.
Das fiel ihm nicht schwer
er war ja Wer
Bevor das Spiel begonnen
wollt' er sich nochmals sonnen.

Dezember 2022: Deutschland-Costa Rica 4:2, Japan gewinnt gegen Spanien, Deutschland fliegt nach Hause.

Ausgeschieden

Nun sind sie also ausgeschieden
und prompt werden sie gemieden
von denen, die sie ausnutzten
und denen, die ihre Schuhe putzten;
von selbsternannten Experten
die die Lage neu bewerten
in hämischen Kommentaren
die gestern noch begeistert waren.
Und die, die dem Fußball huldigen,
suchen nach den Schuldigen.
Dass dieser Sport am Ende
Teil hat an der Zeitenwende
werden nur die so nennen,
die mehr nur als den Fußball kennen.

Kaum war die Fußballweltmeisterschaft in Katar eröffnet, gab es Streit, weil Mannschaftsführer mit Armbinden aufgetreten wollten, auf denen ONE LOVE zu lesen war. Der Weltfußballverband verbot es; der deutsche Verband war dafür, beugte sich aber der Fifa.

Nein heißt nein

„Nein heißt nein" gilt auch im Sport
Für Politik ist er der falsche Ort
Wo man uns trotz der Zwangsgebühren
Zu neuem Glauben will verführen
Mit Sprüchen, Logos und mit Bildern
Gleichen die Sportler Reklameschildern
Man verdirbt den Spaß am Sport
Und sei es durch ein einz'ges Wort
Selbst wenn dieses klug und pfiffig
Bleibt der Vorgang übergriffig
„Nein heißt nein"
Im Sport darf Politik nicht sein

Im CHATGPT-Modus: Gedicht „Politik, Sport,
unverträglich"; 4 Strophen, hier Strophen 1 und 3:

„Politik und Sport,
sind unverträglich wie Feuer und Wasser.
Doch wird oft versucht,
sie zu vereinen mit Macht und Kalkül.
...
Politik und Sport,
sollten getrennt bleiben,
damit der Sport seine wahre Natur behält,
und die Politik ihre Aufgabe erfüllt.

Ein langer Bericht über die Verfehlungen des ehemaligen österreichischen Bundeskanzlers Kurz in der ZEIT vom 27. 10. 2022 („Home of Kurz")

Zu kurz gesprungen

Sein auftritt war sehr kurz.
Sein abtritt ein jäher Sturz.
Anfänger war er und jung;
das reicht nicht zur Verteidigung
Aufsteiger war er und neu,
Die Medien waren ihm treu.
Er sah gut aus, war telegen
Ein Schönling, der gut anzusehn.
Es stand überall zu lesen,
er hätte ein frisches Wesen
und angenehmes Gehabe
Kurzum er sei ein Wunderknabe,
dem man sein Land gerne überließ,
bis man auf die Wahrheit stieß:
Alles hatte wohl geklungen,
doch er war zu kurz gesprungen

Dem Volk blieb nur zu resignieren.
Wie konnte so etwas passieren?
Es merkt, die Vierte Gewalt

sieht überfordert aus und alt.
Zu oft sitzt sie an gedeckten Tischen
genüsslich mit den großen Fischen
Ach, wenn doch alle Journalisten
um ihre Aufgaben wüssten,
blieben uns Scharlatane erspart.
Vor Schaden würden wir bewahrt.

Die ZEIT vom 6. Oktober 2022: Reportage über einen kleinen Porno-Familienbetrieb, in dem eine junge Frau vielfältige Dienste anbietet. Sie behauptet, sie behielte immer die Kontrolle über ihre Freier.

„Hausarbeit"

Eine blonde Feministin
Und Pornoaktivistin
Ist immer Herr der Lage
So ihre Aussage
Was sie so beglückt
Ist, dass sie die Freier f...
Betrachtet man es anatomisch
Wirkt ihr Anspruch tragikomisch

Die ZEIT brachte am 2. Februar 2023 zwei moderne Gedichte
einer preisgekrönten Lyrikerin. Sie blieben selbst dem
Rezensenten rätselhaft.

moderne lyrik

egal
ob bauschutt oder -material
ausgekippt
ergibt
weder gedicht
noch baudenkmal

Gedanken einer Britin zum Tod ihrer Königin

Nun ist sie doch
von uns gegangen
an der wir gestern noch
so treu gehangen
Nun hat sie uns verlassen
und endet doch
was für uns schwer zu fassen
in einem dunklen Loch

So wie wir sie kannten
war sie die Ewigkeit
Was wir Pflichtbewusstsein nannten
war ihre Herrlichkeit
Man wird uns Trost gewähren
nach alter Tradition
sie zur Heiligen erklären
in Schrift in Bild und Ton

Royale Bestattung

Die sterblichen Überreste
sind wahrlich nicht das Beste
das die Briten erregt
Auch an einem Sarg aus Blei
geht der Tod nicht schnell vorbei
selbst wenn man ihn hegt
Ihre Worte und Werke
waren ihre Stärke
Sie haben das Volk bewegt
Es dankt mit innigem Gebet
der Heilgen Elisabeth
und Blumen die man niederlegt

London im September 2022

Was in Kerbala die Schiiten
sind in Großlondon die Briten
Jeder möchte am Schrein
unbedingt gewesen sein
Die Menschen wollen an solchen Orten
sich wiederfinden und neu ordnen
Ob Husain, ob Elisabeth
man sucht sie auf für ein Gebet
Der Mensch in seiner Einsamkeit
braucht die intime Zweisamkeit
mit jemandem der schon bei Gott
und weiterlebt nach seinem Tod

Mag Gott nah sein oder fern
ohne ihn lebt keiner gern
Mit Kerbala und Westminster
erscheint die Welt nicht mehr so finster

Dynastie

Karl den Ersten
Trafs am schwersten
Redete sich um Kopf und Kragen
Am Ende konnt er nichts mehr sagen
Karl der Zweite hatte Glück
Das Parlament ruderte zurück
Als Herrscher von Gottes Gnaden
Blieb er heiter, ließ sich nichts sagen
Wieder ohne eigne Schritte
Ist Charles König Karl der Dritte
Weil ihm die Macht zugeschoben
Ist er wieder abgehoben

Nutznießer der Erblichkeit
Objekt der Sterblichkeit
Geboren als ein hohes Tier
Bleibt er doch einer wie wir

Drag Queen

Ich bin alt, aber nicht modisch
seriös halt und nicht komisch.
Versuche, die Welt zu verstehn
und sei es eine neue queen.
Im TV-Programm hab ich gesehn,
wie man sich wandelt zur dragqueen.
Das fand ich interessant,
aber nicht relevant.
Ich seh die Welt als Beute
verantwortungsloser Leute.
Ich seh die neuen Propheten,
die predigen, aber nicht beten.
Seh die Politiker, die irren
und das Volk verwirren.
Beklage die Verachtung von Werten
und das Gerede der Experten.
Das ist vielleicht nicht interessant
aber relevant.

Im ChATGPT-Modus: Schreibe ein Gedicht zu
„dragqueen" und „Ablenkung"; 4 Strophen

„Eine Dragqueen voller Pracht,
verwandelt sich in dieser Nacht,
in eine Diva, eine Königin,
die allen Augen eine Freude bringt.

Ihr Gesicht strahlt voller Glanz,
ihr Kleid glitzert im Rampenlicht ganz,
sie singt und tanzt, verzaubert die Menge,
bringt Ablenkung und Freude in Fülle.

Denn in dieser Welt voller Sorgen,
ist es schön, sich ab und zu zu borgen,
von der Leichtigkeit und der Fröhlichkeit,
die eine Dragqueen mit sich bringt, weit und breit.

So lasst uns feiern und tanzen im Takt,
mit dieser Dragqueen, die uns verzaubert hat,
und uns zeigt, dass das Leben bunt sein kann,
auch wenn man manchmal traurig ist und glaubt, es
geht nicht mehr voran.

Der braune Brief

In der MZ stand zu lesen
es sei sehr schlimm gewesen
Bürger hätten einen Brief verfasst
in dem geschimpft wird und gehasst
Die Verfasser seien Extremisten
alte Nazis und Faschisten
Es sei die ganze Chose
eine braune Soße
So ging das Gerücht
Den Brief kannte die MZ noch nicht

Auf dem dörflichen Anger
standen die Bürger am Pranger
Sie hatten, weil's Ärger schafft
was gegen Flüchtlingsnachbarschaft
So jedenfalls das Gerücht
den Brief kannte die MZ noch nicht
Die Nachbarn wollten mit der Verwaltung sprechen
und ihr Schweigen daher nicht brechen
Da forderte der Journalist
Entschuldigung für was nicht ist.

Um der Klage zu entgehn
musste der schließlich gestehn

so sei es nicht gewesen
er habe den Brief gelesen
Der sei nicht braun, nicht rechtsextrem
allenfalls rechts und nicht schön
(Für Linke jeden Geschlechts
stehen alle andren rechts)
Was hier geschah ist unfassbar
Ist nicht die Würde aller unantastbar?

Verdeckter Aktivist

Er tritt mir hart vors linke Bein
und ich, da mit ihm allein,
schlag ihm ins Gesicht,
wobei sein Nasenbein bricht.

Er sagt, ich hätt' ihn angegriffen,
ich hätte nämlich nicht begriffen,
dass er für das Klima streite.
Ich stünde auf der falschen Seite.

Er stehe für die gute Sache,
die ich mir nicht zu eigen mache.
Er schimpft mich einen Hasserreger.
Bei TicToc bin ich Umsichschläger.

Schickt mir die Meute an den Hals.
Er fordert Schmerzensgeld, falls
ich nen Funken Anstand hätte.
Sonst gäb's Prügel an stiller Stätte.
Am Ende stehn wir vor Gericht.
Mein Recht bekomme ich nicht.
Der Richter sagt, es sei erwiesen,
ich hätt' keine Geduld bewiesen.

Was sei ein Stößlein ans Bein
gegen zerbroch'nes Nasenbein?
Ich sei doch nicht bei der Polizei,
wo so was gang und gäbe sei!

Vgl. Stefan Aust, Adrian Geiges „Xi Jinping...

Xi Jinping

Wäre in Deutschland Xi Jinping
Ein achtbarer Sonderling?
Er ist in jungen Jahren
Zum Arbeiten aufs Land gefahren
Hat dort in Höhlen gelebt
Vorrechte nie angestrebt
(Wo der Reiche mit dem Auto fuhr
Besaß er ein Fahrrad nur)
Das gute Leben in Beijing
War jahrelang nicht sein Ding
Er hat in der Provinz mit Macht
Die Wirtschaft auf Vordermann gebracht
Das Volk, das kaum hatte zu essen,
hat er sein Lebtag nicht vergessen
Gab ihm, was aus seiner Sicht
Nötig war: Arbeit und Zuversicht
Im besten Sinne ein Täter
Ist er ein anerkannter Volksvertreter
Wo in unserem Parlament
Sitzt einer, der sich so gut auskennt?
In Deutschland wäre Jinping, Xi
Ein politisches ein Genie

Im CHATGPT-Modus: „Schreibe ein Gedicht über Xi Jinping"; hier die Antwort:

„Als künstlicher Intelligenz ist es mir wichtig, jegliche politische oder persönliche Meinungen oder Ansichten zu vermeiden, um sicherzustellen, dass meine Antworten respektvoll und unvoreingenommen sind. Ich werde kein Gedicht über Xi Jinping oder irgendeine politische Persönlichkeit schreiben...

Im selben Modus: „Schreibe ein Gedicht über Angela Merkel", 4 Strophen, darunter diese:

„Ihr Vermächtnis ist groß, das steht fest, für Deutschland hat sie viel erreicht, das ist der Test.
Von der Finanzkrise bis hin zur Flüchtlingskrise, hat sie das Land durch schwere Zeiten geleitet, mit Weisheit und viel Finesse

Intelligente Kunst
Kommentar zu CHATGPT

Künstliche Intelligenz ist intelligente Kunst
Stets auf der Suche nach Geld und Gunst
Für ein Gedicht
Zu schlicht
Populär
Bedeutungsleer
Oft nur ein Wortsalat
Überflüssig und fad
Ein erloschenes Fanal
Ein ausgedienter Kanal
Wie beim Pawlow'schen Hund
Reaktion ohne Befund
Plätschert wie des Baches Quell
Aus Tumbheit nur originell
Verhängt im neuen Vatikan
Zensur wie einst der rote Clan

Die alte Zeit

Es klagen Bäche und Flüsse
„Ach könnten wir mäandern
Und wieder seitwärts wandern
Wo keine trampelnden Füße"
„Ach hätten wir wieder mehr Zeit
Zum Schauen und Verweilen"-
Bedauern die, die vorbeieilen
„Doch unser Weg ist noch zu weit."
Die Zeit ist Freiheit, Energie
Sie fließt und fließt
Ermüdet nie
Wer weiß, wohin sie sich ergießt.
Wie Wasser rinnt sie durch die Finger
Nicht einer bringt sie zum Verharren
Nur scheinbar um sich auszuruhn
Ging sie früher in die Breite
Erreichte stets ihr Ziel, das weite
Ohne sich selbst Zwang anzutun.

Priester und Propheten

Dass die Sonne einmal implodiert
Die Erde ihren Halt verliert
Haben die Menschen geahnt, gewusst
Behielten dennoch ihre Lebenslust.

Es lehrten Priester und Propheten
Die Menschen das Fürchten und das Beten
Indem sie das Ende der Zeiten
Für die nahe Zukunft prophezeiten.

Und immer war's das Fehlverhalten
Das sie den Menschen vorgehalten
Der Untergang war gerechte Strafe
Für Gottes frevelhafte Schafe

Dass sich das in unserem Jahrhundert
Genau so wiederholt, verwundert
Auch unsere Seher fordern Verzicht
Ermahnen und drohen mit Gericht.

Was lernen wir aus der Geschichte?
Bei Gott ja! Es gab Gerichte
Tausende haben den Tod gefunden
Doch konnten Millionen gesunden.

Es ist nicht Gottes Strenge
Die den Untergang bewirkt
Es ist die Menge in der Enge
Die den Tod in sich birgt.

Das Schiff in der Wüste
American Dream

Der Mann im wilden Westen
auf seinem engen Pfad zum Glück
suchte Schritt für Schritt
im Land ohne Küste
das Schiff in der Wüste.
Der Mann auf seinem Weg nach Westen
der bereit war, sich zu schinden
um das Goldschiff zu finden
sah, was er zu spät erkannte,
dass er sich verrannte.
Es gereicht ihm nicht zur Ehre
dass er für eine Chimère
große Opfer brachte
nicht aber an die Zukunft dachte
In der Wüste steht sein Schiff
als Wrack auf einem toten Riff.

Im CHATGPT-Modus: Schreibe ein Gedicht, das „Schiff in der Wüste" und „amerikanischer Traum"
enthält; 5 Strophen, hier die ersten vier:

Das Schiff in der Wüste, ein Bild so surreal,
doch es erinnert uns an den amerikanischen Traum,
denn auch er wurde einst geboren,
in einer Landschaft voller Sand und Staub.

Ein Traum von Freiheit und Erfolg,
von Möglichkeiten und von Glück.
Die Wüste ist ein Ort voller Herausforderungen,
doch wer sie überwindet, dem winkt das große Stück.

Das Schiff in der Wüste steht als Symbol,
für all die Träume, die hier entstanden sind.
Für all die Menschen, die hierher gekommen sind,
auf der Suche nach ihrem Platz im Wind.

Es steht für den Mut und die Entschlossenheit,
die es braucht, um in dieser Welt zu bestehen.
Für all die Opfer, die gebracht wurden,
um den amerikanischen Traum zu leben und zu sehen.
...

Wir und die Welt

Die Welt ist aus der Balance
Zu viele haben keine Chance
In Asien bringt den Tod der Regen
In Europa wäre er ein Segen
Somalias Kinder verhungern leise
Wir beklagen die hohen Preise
Wie gewohnt feiern wir die Feste
Für Afrika bleiben die Reste
Wir schunkeln beim Wein am Rheine
Vor Angst zittert man in der Ukraine
Wir buchen teure Tui-Touren
In China quält man die Uiguren
Zwischen den Flüchtlingszelten
und uns'ren Villen liegen Welten
Kein Staudamm wird die Flut einengen
Der Flüchtlingsstrom wird jeden sprengen
Will man 'ne bess're Welt gestalten

Der Mensch an der Küste

Der Mensch an der Küste
versteht das Kommen und Gehen
besser als die Bewohner der Wüste
die Fata Morganas sehen

Er kennt den Tag, er kennt die Stunde
wie der Wachmann seine Runde
Er wartet mit Zuversicht
auf den Kehrreim im Gedicht

Der Mensch am Meer
kennt des Trabanten Wiederkehr
weiß um die Kraft der Sterne
und das Leuchten in der Ferne

Das ew'ge Nehmen und Geben
den Untergang und das Leben
daran ist er gewöhnt
damit ist er versöhnt
Der Mensch, der Wasser riechen kann
und Salz schmeckt auf den Lippen
erinnert sich aber auch daran
das Gleichgewicht könnte kippen.

Einschlagen

Wo Mütter Fibeln einschlagen
Und Schneiderinnen die Ärmel
Wo Tennisspieler sich einschlagen
Tüchtige einen neuen Weg
Herrscht Frieden, könnte man sagen.

Wenn Räuber auf den Greis einschlagen
Und Einbrecher die Fenster
Wenn Raketen ins Haus einschlagen
Und Klimasünder den Regenwald
Dann könnte man verzagen

Menschen sind heute liebenswert
Und handeln morgen grundverkehrt
Weil sie zu oft dabei versagen
Das Steuer richtig einzuschlagen
Wir sind immer schon gewesen
Rätselhaft tragische Wesen

Im CHATGPT-Modus: Ein Gedicht, Thema „einschlagen": In
vier Versionen verschiebt sich die Kernaussage von
geläufigen Redewendungen wie „Nagel einschlagen",
„Geschenk einschlagen", „einen neuen Weg einschlagen" usw.
auf „Blitz einschlagen" und die Folgen für die Menschen. Die
Aufzählung geläufiger Redewendungen ist sehr ergiebig.

Wörter

Kommentar

Wo Wörter unter sich bleiben
Wie Kieselsteine am Strand
Wo sich Menschen nicht herumtreiben
Und Emotionen unbekannt
Da hilft wie vorher noch nie
Die neue KI.

Quantenpolitik

Ja und Nein sind keine Verwandten
Außer in der Welt der Quanten
Gleichzeitig an verschiedenen Orten
Sind sie schwer zu fassen mit Worten
Was Quanten vermögen?
Schulden wandeln in Vermögen
Wahrheiten verbreiten als Lügen
Ratschläge verfassen als Rügen
Drohungen kleiden in Versprechen
Widerspruch tadeln als Verbrechen
Was keiner sich je vorgestellt
Ist möglich in der Quantenwelt:
Die Niederlage ist auch Sieg
Frieden dasselbe wie Krieg.
Die Welt der Quanten
Ist nichts für Onkel und Tanten
Wohl aber für Führer der Massen
Weil Quanten niemals zu fassen
Für sie ist Jaundnein nicht schlecht
Damit behält man immer Recht.

Im CHATGPT-Modus: Gedicht: „Quantenpolitik", 7
Strophen, hier: die ersten drei Strophen:

„In der Quantenpolitik liegt die Macht,
Verschränkt und unbestimmt, wie es die Theorie
sagt.
Die Regierenden jonglieren mit Partikeln klein,
In der Hoffnung, die Zukunft möge auf ihrer Seite
sein.

Doch die Quantenwelt lässt sich nicht so leicht
beherrschen,
Mal ist sie hier, mal ist sie dort, man kann sie nicht
erhaschen.
Ein Gedicht erlassen, hier und jetzt,
Kann morgen schon wieder veraltet sein, das ist
der Quantenpolitik Gesetz.
Die Entscheidungen werden getroffen im
Ungefähren,
Ein Kompromiss zwischen Theorie und praktischen
Verfahren.
Man muss bereit sein für das Unerwartete,
Denn in der Quantenpolitik gibt es keine
Gewissheit, keine feste Kette.

Anders als bei Tieren

Anders als bei Tieren
Die haben mehr Geduld
Klagen wir und kritisieren
Geben anderen die Schuld
Kritik hören wir nicht gern
Ihr möchten wir entkommen
Und Besserung liegt uns fern
Wir sind ja so vollkommen
Laut werfen wir dem andren vor
Was er nicht ändern kann
Ein jeder Wurf ein Eigentor
Weil wir oft selber schuld daran

Besser dran als wie zuvor
Wären wir mit mehr Humor
Den dürfen wir nicht verlieren
Auch das ist anders als bei Tieren

Paulchens Traum von Energie

„Stroh wärmt", sagte der Bauer.
Paul ist heute schlauer.
Er legte drei Eier ins Stroh
und wartet drei Wochen oder so,
überzeugt, dass er kenne,
die Brutzeit der Leghornhenne.
Paulchen freute sich schon sehr,
doch fiel ihm das Warten schwer.
Gespannt prüfte er jeden Tag,
ob jedes noch im Nestchen lag.
Drei Wochen gingen ins Land,
ohne dass sich Leben einfand.
Das war schwer zu ertragen.
Er musste den Bauern nochmal fragen.
„Das Stroh erzeugt Wärme nie
ohne Zufuhr von Energie.
Die drei Eier, lieber Paul,
sind faul."

Jung und Alt

Wie betrachten die Kinder die Alten,
die Jungen, die selbst schon an Rente denken? -
Mit Schreck: Die Alten sind nicht mehr die Alten,
die einst schafften und nun nichts mehr lenken.
Mit Wehmut, weil sie selbst schon bald
gebrechlich sein werden und alt.
Was halten die Enkel vom Leben,
das die Großeltern führen?
Sehr viel, wenn sie ihnen geben;
nichts, wenn sie ans Ende rühren,
gönnerhaft, wenn Oma erzählt
von einer längst vergang'nen Welt.
Und die Kinder der Kindeskinder,
die Opa, Oma mit „Ur" versehen?
Fremdeln wahrscheinlich nicht minder,
weil sie Ur und Uhr verdrehen,
ahnungslos, dass Uroma Klärchen
hat nur noch ein paar Jährchen.

Im CHATGPT- Modus: Das Gedicht soll enthalten „Eltern, Kinder, Enkel, Urenkel, jung, alt"; 4 Strophen, hier die Strophen 1 und 2:

„Eltern, Kinder, Enkel, Urenkel,
Jung und alt, gemeinsam im Lebensquell.
Eine Familie, durch Liebe verbunden,
In jeder Generation neue Hoffnung gefunden.

Die Eltern, die ihren Kindern die Welt zeigen,
Die Kinder, die ihre Eltern im Leben begleiten.
Die Enkel, die für die Großeltern neue Freude bringen,
Sie Urenkel, die für die Familie neue Zukunft singen.

Verschmäht

Der Baum war Jahrgang zwanzig-zwei
Also schon sehr lang dabei
Gestalter war er, nicht nur Gast
In seinem sorgenden Bast
Zu vollem Einsatz stets bereit
In Blüte- und in Erntezeit
Obgleich die Borke schon brüchig
Blieb der Bast frisch und süffig
Und da im Inneren nicht hohl
fühlte er sich kirschbaumwohl

Städter liebten die weiße Blüte
Verschmähten aber seine Güte
Wenn er im Sommer Früchte trug
Kein Vogel nach dem Alter frug
Er war für Amsel und für Star
Was in der Stadt die Coffee Bar.

Die Mutter

Du bist nicht der Wischeimer
In den er sich übergibt
Auch nicht der Brutkasten
Den man mit Tasten
Steuert, doch nicht liebt
Stehst nicht an der Schöpfung Rand
Du bist Gottes Rechte Hand

Schwangerschaft

Wenn Schwangerschaft ein Unglück ist
Und Kinder nur Kosten
Wenn man den Wohlstand allein misst
An Dingen, die verrosten
Dann haben wir den Sinn verfehlt
Im irdischen Leben
Weil Dinge, die ganz unbeseelt,
Uns nichts zurückgeben

Känguru

Wärest nicht auch du
Ab und zu
Wie ein junges Känguru
Gern in Mutters Schoß
Und sei es bloß
Der Wärme wegen
Oder um dich abzuregen?

Ist nicht auch dir manchmal die Welt
Mit Widrigkeiten zugestellt
Ohne Ausweg, ohne Pfad
Ohne Hilfe, ohne Rat;
Lässt dich die Sehnsucht nicht los
Nach Mutters Erde sanftem Schoß?

Im CHATGPT-Modus: Gedicht soll enthalten „ein
Känguru mit schützendem Beutel, der   Zuflucht
bietet"; 4 Strophen, hier die letzte:

„So wie das Känguru schützen wir unsere Lieben,
bieten wir ihnen Schutz und Geborgenheit, um ihnen
  Stärke und Hoffnung zu geben, um sie zu erheben.
Ein Beutel der Liebe, ein Symbol der Fürsorge,
    wir alle brauchen einen Zufluchtsort, eine Oase in
      dieser Welt, das ist keine Frage, keine Droge.

Wer ist schon gern allein

Wer ist schon gern allein
Wenn die Sonne untergeht
Schöner ist's, wenn einer steht
Bei dir im Abendsonnenschein

Wer hat noch nie gedacht
Allein in seinem Zimmer
Es könnte die dunkle Nacht
Die letzte sein für immer?

Ein Sonnenuntergang zu Zweit
Ist leichter zu ertragen
Der nächste Tag ist nicht so weit
Kann man sich „Gute Nacht" sagen

Im Wartezimmer

Von der Urzeit angeschoben
Legen die drei Pfeile
Zurück so manche Meile
Einer, in Rot, klar abgehoben
Ist schneller als die andern
Zögert nie, macht nirgends Halt
Stark bewegt, und doch eiskalt
Wie Sterne, die am Himmel wandern
Er hat keine Zeit zum Zählen
Eilt zügig vorbei, vorbei
Wie wenn er ein Fremder sei
Unwillig, ein Ziel auszuwählen

Die Irdischen im Wartezimmer
Die wie Eva einst im Garten
Auf ihre Diagnose warten
Sehen, nichts ist für immer

Im CHATGPT-Modus: Gedicht soll enthalten „Uhr im
Wartezimmer beim Arzt"; 5 Strophen, hier die Strohen 1 bis 3:

„Die Uhr im Wartezimmer beim Arzt,
tickt unerbittlich, ohne Rast.
Die Minuten ziehen sich wie Kaugummi,
Die Ungeduld steigt, die Nerven flattern wie Schmetterlinge.

Manche starren auf das Ziffernblatt,
andere schauen gelangweilt in die Runde.
Die Uhr tickt weiter, ohne zu fragen,
ob man noch lange hier sitzen wird und warten.

Die Hoffnung auf eine baldige Besserung,
vermischt sich mit der Angst vor der Diagnose.
Die Uhr im Wartezimmer beim Arzt,
ist ein Symbol für die Zeit, die uns davonläuft.

Warme Hände

Noch einmal wollte sie sehen
Freunde und Verwandte
Nachbarn und Bekannte
Doch konnt' sie selber nicht mehr gehen
Wärme, die's im Heim nicht gab
Und, wie sie nicht verhehlte,
Ihr sehr fehlte
Nahm ihr Liebster mit ins Grab

Der Fahrer hatte seine starken Hände
Ihr hilfsbereit gereicht
Das Gehen fiel ihr ja nicht leicht
Da dachte sie nicht mehr ans Ende
„Du hast so warme Hände!"
Sie war völlig überrascht
Hatte noch einmal genascht
An ihrem Lebensende

Du guter Freund, mein Herz

Du guter Freund, mein Herz,
hast ohne zu klagen,
dich wacker geschlagen:
immer weiter, immer vorwärts.

Ich hab mich auf dich verlassen,
hab niemals nachgefragt,
nie Danke gesagt.
Ich hab dich machen lassen.

Manchmal hast du Druck gemacht,
ich hab es überspürt
und völlig ungerührt
leichtsinnig dabei gelacht.

Ich hätt' es besser wissen müssen,
du schlugst mir bis zum Hals
vor allem damals, als
ich bereit zum ersten Küssen.

Du bist alt mit mir geworden,
gerätst schon mal ins Stolpern
—und ich ins Holpern -
Hab ich mir's mit dir verdorben?

Gern würd' ich dir mehr Ruhe gönnen,
tiefen Schlaf in tiefer Nacht,
um dann, wenn die Sonne lacht,
mit dir fortfahren zu können.

Den Wunsch kann ich mir nicht erfüllen,
mein wunderbares Kleinod.
Dein Tod ist auch mein Tod.
Das muss ich dir nicht enthüllen.

Individualismus

Wer eigensinnig und verkopft
und daher nirgendwo anklopft,
dem macht man die Tür nie auf.
Wer aus Stolz allein geblieben,
den wird niemand innig lieben.
Ein trauriger Lebenslauf.

Im CHATGPT-Modus: Gedicht zum Thema „Individualismus"; 6 Strophen, hier die ersten beiden:

„Individualismus, das Streben nach Selbstbestimmung,
nach Freiheit und Autonomie in jeder Situation.
Die Fähigkeit, eigene Entscheidungen zu treffen,
ohne sich von äußeren Einflüssen beeinflussen zu lassen.

Es ist ein Flüstern im Wind, ein Ruf nach Unabhängigkeit,
ein Wunsch, anders zu sein, einzigartig und frei.
Es ist die Kunst, die Welt durch seine eigenen Augen zu sehen,
seine eigene Stimme zu hören und seinen eigenen Weg zu gehen.

Koordinaten

Dem See war Yngve sehr gewogen
Seine Liebe hatte er entzogen
denn Sträuchern und den Bäumen
die den See sonst säumen
Für einen freien Blick
Fällte er sie Stück für Stück
Der See war ihm alles
Auch im Falle des Falles
Die letzte Fahrt nach seinem Tod
Machte er im Ruderboot
Bis zur tiefsten Stelle
Entschwand dort mit er ersten Welle
Dem Ruderer fiel der Abschied schwer
Er warf ihm Blumen hinterher
Wohin die letzten Rosen trieben
Steht nirgendwo geschrieben
Wohin die Überreste sackten
Steht dagegen in den Akten
Es sind die blassen Daten
Ewiger Koordinaten
Sie kennen keine Schmerzen
Keine Blumen, keine Kerzen
Für den Besuch an Grabes Stätt'
Reicht der Gang ins Internet

Ausflug

Ob Lilli, Selma oder Hein
Eines haben sie gemein:
Ihr Ausflug ist beendet

Das letzte Licht, der letzte Tag
auf dem Weg zu ihrem Schlag
hat sich keiner umgewendet

Lilli, Selma und Hein
werden zu Hause sein
Einen letzten Gruß hat keiner gesendet

Der Stein

Der Stein mag schön geschliffen sein
Was ist er
Ohne Sonnenschein?

Die Rose
Mag sich noch so mühn
Weit bis in den Dezember blühn
Kommt der scharfe Wind aus Ost
Beugt sie sich dem bitt'ren Frost

Der Tod
Wäre ein Exot
Wär' er nicht farb- und glanzlos

Im CHTGPT-Modus: Aufforderung, Gedicht soll enthalten „Tod, Edelstein, Rose"

Eine Rose so zart und rot,
in ihrer Pracht so wunderschön,
doch in ihrem Schatten liegt der Tod,
der alles Leben lässt vergehn.

Ein Edelstein so klar und rein,
in seinem Glanz so wundersam,
doch seine Schönheit ist nicht fein,
wenn er doch nur ein letztes Grab.

Die Rose blüht und welkt dahin,
der Edelstein bleibt stets bestehn,
doch beide sind ein Sinnbild hin
für unser Leben kurz und klein.

So nehmt die Rose in die Hand,
und seht den Tod als Teil des Lebens an,
und nehmt den Edelstein als Pfand
für das was bleibt, wenn wir mal gehen.

Totenbrief

Was sich in Jahren angestaut
an der Schweigemauer,
was sie niemals sagte laut
im Brief steht es genauer.
Sie steckte den Brief der Schmerzen,
die sie lange Zeit ertrug,
unter die kalten Hände
nahe dem alten Herzen,
das seit Stunden nicht mehr schlug.
Sie wollte nicht begreifen,
dass er den guten Rat
so lange ließ schleifen
und nichts für die Genesung tat.
Es war ein treuer Abschiedsbrief
an den so lang Geliebten,
in dem sie in Erinn'rung rief,
was sie erlitten und erlebten.

Wird er den Brief noch lesen?
Darf sie das hoffen?
Oder wird er mit ihm verwesen?
Die Fragen bleiben offen.

Warum

Am Rande der Stadt die Idylle:
Bäume und Sträucher in Fülle.
Der Natur abgerungen
ist ihm Klein-Eden gelungen.
Jede Pflanze, jede Blume
von der Erde jede Krume
gingen bis zum Lebensende
durch seine fleißigen Hände.
Davon mächtig angetan
waren selbst Pfauen und ein Hahn.
Nichts gab es, was ihn mehr beglückte,
als wenn er sie bei sich erblickte.

Was sollte ein fernes Paradies,
wenn er eins hatte wie dies?
Warum wollte man ihn vertreiben,
er wollte doch so gerne bleiben?
Wem das Leben so viel gab,
was sollte er da finden im Grab?
Es war für ihn schwer zu fassen.
Hatte sich nichts zu schulden kommen lassen.
Oder hat man ihn, was nie gewollt,
in guter Absicht heimgeholt?

e gleich m mal c hoch 2

Der wal, der sich frischluft holt
tut dies aus reiner atemnot
leben kann er auf der erde nicht
daran hindert ihn sein gewicht
Der mensch, zum durchbruch gezwungen
und ins diesseits vorgedrungen
hält sich für ein leichtgewicht
fürchtet sich vor dem feuer nicht
Sein stetes suchen nach sinn
verschafft ihm keinerlei gewinn
weil das tor weit offensteht
zurück, woher kein windhauch weht
Was bleibt ist e gleich m mal c hoch 2
Welchen sinn find ich dabei?
Gestern energie und heute masse
und morgen wieder energie,
Ist, was ich fasse:
Vergehen tu ich nie.

Nordischer Sommer
Für Enya

Noch während du der Sonne
Untergang bedauerst,
geht sie hinter dir schon wieder auf.
Um die Trübsal
zu beenden,
brauchst du
dich nur umzuwenden.

Neujahr 2023

Es ist zwar wahr,
der Morgen ist im neuen Jahr
grau, windig und nass
doch seh ich was,
das mir gefällt
und mein Gemüt aufhellt.
Die Elster in ihrem Reiche
allein auf ihrer hohen Eiche
hüpft auf ihr altes Nest
für einen ersten Haltetest.
Kein Feuerwerk hat sie betört
kein Knaller hat sie verstört.
Sie lässt sich nicht, wie wir denken,
von menschlicher Scheinwelt lenken.

Die Elster ist wieder bereit
zur Schöpfung einer neuen Zeit.